풀잎이
말을 건다

오름시인선 · 78

심은혜 시집

풀잎이 말을 건다

■ 시인의 말

할머니가 잠결에 들려주시던
꿈속 같은 옛이야기
엄마의 고단한 삶의 숨소리
그리고
여물지 못한 풀씨 같은 나의 노래
불러 봅니다

■ 차례

005　시인의 말

1부 / 흙냄새 피어나는 오솔길에 서다

013　애기똥풀
014　우리가 잊고 사는 것
015　등 뒤에서 부는 바람
016　어머니와 거울
018　가난이란 것
019　가을 부부
020　울 언니
021　가을 길목에 서서
022　풀벌레 소리
023　아버지와 감자
024　해질녘
025　정원사의 아침
026　살아간다는 것
027　엄마 손
028　짐
030　봄 오는 소리
031　지금쯤
032　밀밭에는
034　아버지의 복권 한 장
035　먼 길

2부 / 나무 그루터기에 앉아서

039　바람개비
040　창밖에 봄
041　그 남자의 눈물
042　미루나무
044　해바라기
045　날개 다친 새
046　망초꽃 2
047　아침 편지
048　아침 기도
050　촛불
052　밤송이
054　기다림
055　모란
056　망초꽃
057　호수
058　소풍
060　오월의 신부
061　이별이란
062　허수아비
063　민들레 홀씨의 꿈

3부 / 때죽꽃 별이되어 떨어지다

067 소여울
068 밀알 한 톨
070 하루
072 사월 이파리
074 누런 목련화
076 홀로 선 나무에게
078 장작더미
080 냉이꽃 피면
081 초겨울에 나팔꽃 피다
082 들쥐의 겨울
084 풀잎이 말을 건다
086 날개 잃은 나비
087 도토리 여행
088 칠월의 보름달
089 산딸기
090 참새
091 나무가 운다
092 맘속 세상
093 살다 보면
094 이제야 보였네
095 물봉선화
096 대청 호수

4부 / 마당에는 잠자리 떼 날고

101 　감꽃
102 　코스모스
103 　까치밥
104 　싸락눈
105 　싸락눈 2
106 　윤슬
107 　홍시
108 　아기별
109 　아기별 2

110 　|김명순| 심은혜 시집 『풀잎이 말을 건다』 평설

1부

흙냄새 피어나는
오솔길에 서다

애기똥풀

해 머무는 언덕
강둑
어디에나 터 잡고

황금빛 똥을 싸고는 울어대던
우리 아가
똥마저 어여뻐
눈을 뗄 수 없는 아가를 닮았다

우리 아가 자라듯
지천에서
어여뻐 살아라

애기똥풀 보며
우리 아가 포대기로
업어 키우던 젊은 날
새록새록 생각나게

우리가 잊고 사는 것

우리는 가끔
잊고 살 때 있습니다

봄 햇살 부서지는 길을
걸을 수 있다는 것

작은방 한 칸 일지라도
편히 먹고 쉴 수 있는 것

지친 마음 녹여 줄 사람
옆에 있다는 것

이것만으로도
가슴 벅차오릅니다

등 뒤에서 부는 바람

그 남자 손에는 치킨 한 마리 들려있어요
오늘 저녁이 특별한 건 아니지만
치킨 집을 지나치지 못한 것은
치킨을 기다리는 아이들 웃음과
걸어가고 싶어 서지요

예전에 내 아버지 손에도 무언가
들려 있었지요
마늘이나 콩을 지고 장터에 가서
세상에서 제일 실한 놈이라고 너스레를 떨면 금방 마늘이 팔렸거든요
마른 목소리로 날 부르시던
아버지 손에는 고등어 한 손이
주머니 속에는 사탕 한 봉지
숨어 있었지요

발걸음 산뜻한 그 남자 뒷모습엔
내 아버지가 있어요
냉잇국에 씀바귀나물
고등어 무조림 밥상
차려 드리고 싶은

어머니와 거울

먼 어느 겨울 들판에
칼바람이 휘파람 불어대고
추위가 온몸을
얼리던 날에
열 살배기 산골 소녀는
이십 리 학교 길이 가마득하여
십 리를 걸어가다 돌이켜
고개 숙이고
집에 돌아왔습니다
눈을 마주치지 못하는 나를
엄마는 아랫목에
이불 돌돌 말아 언 몸을
녹여 주셨지요

세월은
어둔 골짝에 나를
내팽개치고 맨발이 피투성이가
되도록 끌고 다녔습니다

열흘 밤낮
지쳐 스러져 울부짖을 때
나를 일으켜 세워준 것은

꽁꽁 언 몸을 녹여준
이불이 아니었습니다
따듯한 아랫목도 아니었고요
가여운 눈빛으로
나를 안아준 엄마의
앙상한 품이었습니다

가난이란 것

나에게 가난이란

금방 돌아오는 방세의 짐
가까운 사람 초대장
가끔 잊어 버리고

달달한 과일가게의 유혹
돌아서서
유럽 여행 꿈꾸지

지독하게 가난했다
천진하게 웃는 자식 보며
그 길을 걸어왔네

지금의 가난은 부유한 가난이다

배곯지 않고
다리 뻗고 꿈나라 여행
마음껏 할 수 있는
그런 것이므로

가을 부부

가을 들판 같은 얼굴로
분 피어난 호박
해마다 안겨주는 부부

고욤이 달달하게
익어가던 시절
고욤 몇 알이 맺어준 인연

산에 발자국 새겨진
세월만큼

영동에서 가꾼 채소
다람쥐 도토리 물어 나르듯

봉지마다 계절을 들고
그 집 앞을 나올 때면
엄마 생각이 난다

울 언니

당신 태어난 곳에서
함께 자랐지요

책가방 힘겨운 먼 학교 길
손잡고 걸어주었네

기러기 떼 날아올라
길 인도하며
바람 막아주는 새처럼

엄마 떠난 자리
엄마 되어
서글피 늙어가는 여인

가을 길목에 서서

잎새마다
바람이 두드리고
햇볕 고루 그을려
내 걸음만큼 붉어진다

바람아
내가 자는 동안
열린 창문으로
들판의 나락 여무는 냄새
실어다 주렴

고향 땅 가을 들판을
맨발로 걸어 다니다
동이 터오면 꿈결에서
깨워줘

풀벌레 소리

날 어두워지면
풀잎 타고 흐르는 노래

작은 악사의 연주는
그칠 줄 모르는데

꿈결에
토닥토닥
엄마의 자장가 소리

사라질까
풀잎처럼
밤새 귀를 세우네

아버지와 감자

대청댐 막기 시작할 무렵
뱃길 끊겨

산을 몇 고개 넘어
친정집 갔다
돌아오는 길

아버지는 지게 위에
자식 무게만큼 감자를 지고

발자욱 희미한 산길을
작대기 휘도록 넘어
버스 종점에 내려놓고

빈 지게 위에
감자만큼 자식을 지고
산을 넘어가셨습니다

감자 캐는 유월 오면
백발의 뒷모습
감자 분처럼 흐릅니다

해질녘

날 저물어 가면
동네 끝에서
엄마를 기다렸습니다

먼발치에서

종일 뽑혀나간 풀처럼 늘어진
엄마 품에 안겼습니다

하루의 고단함이
녹아내립니다

정원사의 아침

간밤에 내린 이슬
활기찬 정원에
아침이 오면

담장의 찔레꽃
부산하게 피어나고
감나무잎은
투명하게 빛나지

다래순
길게 드리워져 꽃을 맺고
작은 꽃 얼굴 내밀면

새순같이 여린 손 잡고
찔레꽃보다 더 예쁜 나를
세상보다 큰 품으로 안아주던

뜨락의 정원사
씨앗 같은 하루를
오월에 심는다

살아간다는 것

살아가는 것은
삼켜야 하는 일이다

음식을 먹는 일이
어떤 이에겐 어려운 일이다
누군가를 그리며 살아가는 것
쓴 약 먹듯 삼켜야 할 때가 있다

살아가는 것은
잊어야 살아지는 것이다

가슴 도려내듯
가버린 사람도 손톱 만큼씩
잊어야 살아진다

살아간다는 것은
사랑을 잉태하는 일이다

사랑이 마음을 품어
키워주는 것임을
미운 사람 곱게 봐줄 만큼

엄마 손

"엄마 손은 약손."
배를 문대주던
엄마 손바닥은
거친 모래알 같았습니다

새벽부터
해 저문 밤까지
쉬지 않던 손

육 남매를 키워 낸 손
초라한 모습으로 학교 온 날
부끄러워 숨기고 싶었던 손

그때는 몰랐습니다
울퉁불퉁 갈퀴손이 된 이유를

치매가 오고서야
그녀의 손도 예전에는
예뻤다는 것을 알았습니다.

짐

무거운 짐 어깨에 매달고
도심 속 콘크리트 벽을 지나는
남자의 발목이 시큰거린다

학교 담벼락에서
짐 하나가 올라탔다
등줄기를 타고 내리는
고단한 숨

노모가
큰 봇짐을 이고
아랫목에 눌어붙었다

지게 위에 봇짐을 올렸다
한 손에 내일을 붙잡고
비탈길을 걸어간다

땀에 젖은 옷을 비틀어 짰다
삶의 찌꺼기가 후드득 떨어진다

석양이 지는 강변에 와서야
지게 위의 짐을
모두 내려놓았다

봄 오는 소리

오래된 산길에
비 그치면
남쪽 바람이 걸어다닌다

물오른 나무
저만치 청아한 새소리
아버지 거름 지고가는 지게소리

젖먹이 달고 밭 가는
어미소의 하얀 김
내 품는 소리

기지개 켜는
아버지의 밭고랑

지금쯤

내 고향 벌랏말
푸른 물살 헤치고
산 넘어
저기쯤에 있겠다

지금쯤
진달래 아가 볼처럼 물들고
키 작은 꽃
들판에 가득 피어 있겠다

송사리 떼처럼 몰려다니며
물놀이하던 소녀들
어디쯤에 있을까

등이 굽은 어머니
밭일하고 돌아오는 길
꿈결인 듯
온데간데없어라

밀밭에는

밀 익는 냄새
사락사락 불어오면

껄끄러운 밀 수염
물결 그리다
누렇게 바랜
유년의 시간을 끄집어낸다

저녁 무렵 엄마는
항아리 속 누런 밀가루 넉넉히
꺼내 반죽을 하였다

홍두깨로 밀어 쟁반보다 큰
원을 두 개나 만들어 놓고
숨을 몰아쉬면

마당에 멍석 펴고
쑥에 불을 붙여
모기를 쫓는다

구수한 칼국수 그릇에 담겨 오면
아버지는 춤추시고
밤하늘의 별도 밤새
떠나지 못했다

밀 냄새 여전한데

아버지의 복권 한 장

개미처럼 일하는 엄마 곁에
아버지는 주머니 속에 복권
한 장 품고

일등 당첨되면 술을 실컷 마셔야겠다고 생각합니다

일등 당첨되면 힘든 농사일 접고 도시에 나가 편히 살아야겠다고
사나이로 태어났으니 정치인이 되어 존경받으며 살아야 되지 않겠냐고

그러다 라디오에서 흘러나오는
번호가 어긋나면
꿈은 바람 빠진 풍선처럼
코가 빠진 아버지 곁에
거북이 등 닮아가는 엄마

먼 길

감잎 떨어진 가지 위에
참새소리 반가워
당신은 서두르십니다

처마 밑에 걸어둔 무
시래기 마르듯
푸석푸석 메마른 살갗

한 세상 회한
마지막 숨결에
흩어 보내고는

평생 품어준 손길
내 가슴 팔딱이게 하고

천상의 가마득한 길
꽃상여 타고
떠나십니다

2부
나무 그루터기에 앉아서

바람개비

송곳처럼 찔러대는 사람들 속에서 바람개비
방향 잃고 흔들립니다

당신도 바람개비 보며
흔들릴 때 많다 했습니다

당신 마음에 들지 않아서
방향 잃고
흔들린다 했습니다

바람개비가 흔들릴 때

그럴 수 있겠다
바람도 마음대로 안 될 때
있을 테니
그러면 괜찮아져요

매일 봐야 하는
사람이기에

창밖에 봄

베란다 푸른 창에는
쪽빛 바다 맑은 이슬 머금은 구름이 쉬어 가요
해 기울면 붉게 타올라 너울너울 사라지지요

옆집 여인이 올라와 빨랫줄에
참새만 널고 내려가요
흐린 날에는 빗소리 들어요
빗방울은 유리창에 붙은 겨울의 묵은 때
씻어 내려가지요

비 그치면 산뜻한 햇살
창에 가득 쏟아져요
내게 머물러 있는 당신
눈부시게 빛나요

그 남자의 눈물

그의 기억 언저리에서
아이가 울고 있다

술잔에
긴 숨 일렁이면 울고
보도 위로 계절이 굴러다니면
그도 굴러다니며 운다

육십이 훌쩍 지나 버렸는데
아직 울음이 남아 있나 보다

아이가 자라면서
끊어진 온기
여름 장맛비 솟구치듯

서럽다
서럽다
서러운 눈물은
비쩍 마른 나를 보고
또 운다

미루나무

가까이서 보는 것보다
멀리서 보는 게 더 잘
보일 때가 있다

가까이서
고른 숨결
감정의 흐름을 보고 있지만

언덕에서
산 능선에 서서
널 바라보면

잎새를 토닥이고 있는지
지치도록 손짓하며
나를 보고 있는지 보인다

때로는
너의 체온을 느끼고
발랄한 모습에 한껏 부풀어
코발트 빛 하늘로 날아오르기도 하지만

고요하게 다가오는
풍경을
너의 내면을
멀리서 바라본다

해바라기

사랑한단 말
가슴 뭉클해요

그대가 나를 향해
두 팔 벌려 함빡 웃으며
뛰어올 때도 좋지만

사막의 모래 언덕을 맨발로
걷고 걸었을 삶의 한 모퉁이
가슴 뜨겁게 타올라요

그대를 처음 봤을 때
가슴 쿵쾅쿵쾅
잠 못 이룰 때도 좋지만

산처럼 우뚝 서서
나만 바라보는 그대
가슴 터질 듯 좋은걸요

날개 다친 새

처마 밑에 작은 새
한쪽 날개 퍼득이다
웅크리고 앉았습니다

삶에 지친 영혼 이슬같이
촉촉한 눈빛 맞추고

바람 불어 잎새에
생기 불어 너 주듯

작은 새
늘어진 당신을 안고
몇 날 밤을 지새웁니다

망초꽃 2

당신이 문득
보고 싶어지면

당신 거닐던 길가에
서서

망초꽃
수채화처럼
하늘거리다

꽃술
바람에 흩어지고
하얗게 부서지는 눈물

아침 편지

아침 햇살보다 먼저
당신을 생각하는 일은
나의 기쁨입니다

잘 잤는지
오늘 하루는 무엇을 할는지
당신이 일을 할 때
콧노래도 흘러나오면 좋겠습니다

향긋한 바람 불어오면
계절이 오는 길목에서
온몸으로 맞이하는 사람

당신 보이진 않지만
냇물 같은 세월
잔잔히 흘러갔으면
그렇게 살았으면

아침 기도

한 사람이 내 마음에
들어왔습니다

어둠을 털고 앉아
오늘도 안녕하기를

하루 중
맘에 들지 않는 사람 만나도
곡식에 흙 북돋아 주듯
마음 씀이 크고

그림자 앞세워 집에 오는 길
옷에 밴 땀 냄새가
당신을 당당하게 만들고

온 가족 둘러앉아
따듯한 밥 먹으면
세상 다 가진 사람

그런 사람 되길 기도합니다

촛불

어느 집엔가
열린 창문 비집고 바람이 분다

조각처럼 하얗게 누워
하염없이 천장을 떠도는가

누군가
조금 열린 창문을 닫아주오
아직 남아있는 빛 비추도록

한밤중에라도 당신 손길이
식어가는 이마 위에
기도의 불씨 심어주고 가신다면

결코 심장의 박동을
멈추지 않으리

힘차게 솟구치는
아침 햇빛 일어나 맞이하리

당신의 눈물이
내 심장에 뚝 뚝 떨어지면

밤송이

가시로 몸을 휘감은 밤송이
후두둑 떨어져
발간 밤톨을 내어 줍니다

틈을 주지 않고 찌를 것만 같은
밤송이도 기다리면
갑옷 열어 담백한 열매를
아낌없이 내어 줍니다

윤기 나는 밤톨을
한 손 가득 주워 담습니다

아닙니다
당신이 어여삐 여겼던
그 세월을 주워 담는 것입니다

아침 빛 같은 얼굴로
사랑스레 보아주던
그 날을 담는 것입니다

덜 익은 밤송이 꺾어
하얀 속살 입에 넣어주던
풋풋했던 그날을 담는 것입니다

아십니까
밤송이같이 까칠한 당신을
마음에 품고 있는 까닭을

기다림

수많은 날
흘러가면

해맑은 미소
볼 수 있을까

먼 산에서 불어오는
단풍의 물결

몽땅 떨어진
낙엽 위에

하얀 눈
소복이 쌓이면

하얀 눈 밟고
오시려나

모란

찬 이슬
꽃술을 적시네

어느 집 마당 모란이
꽃잎 떨구니

고운 모양이
보이지 않나 봐요

내년에
더 탐스럽게 피울 모란을

당신은
기다릴 수 없나 봅니다

망초꽃

눈에 띄진 않아도
수수해서 좋다

유혹하는 향기 아니어도
은은해서 좋다

금방 피었다 지는
아쉬운 꽃이 아니라

여름을 하얗게 물들여
언제나 웃어주는
네가 참 좋다

호수

긴 인연의 끈
흐르는 강물에
띄워 보내고 싶어

먼 길 걸어
찾아왔네

호수 위에 앉은 구름
붉게 물들다 흘러가고
까닭없이 눈시울
붉게 물드네

뒤돌아
무거운 발걸음

호수에 너를
두고 오는 걸 잊었어

소풍

사과꽃 피면
우리 소풍 가요

연분홍 꽃잎
꿈으로 들뜨면
그 길을 손잡고 걸어가요

그대와 나
꽃 향처럼 흩날리고

사과 알 키워가듯
신발에 묻은 흙도
털어주고

아플 때 날 새도록 두 손 잡고
 기도하며
아침 빛처럼 웃어줘요

늘 꽃 향 흐르는 길
아닐지라도

사과꽃 피면
우리 손 잡고
소풍 가요

오월의 신부

희색구름 산머리에 내려와
또닥또닥 비를 뿌린다

빗방울
잎새마다 진주이슬
입혀주고 떠났네

오월의 신부
찔레꽃

하얀 꽃송이 한아름 안고
그리운 님 기다리네

해마다 오월이 오면
청순한 신부
너를 만나러 온다

이별이란

떠나는 사람 등에는
그리움이 묻어있다

돌아볼 수 없는 마음이야
오죽할까

뒤돌아 달려가고 싶은 마음
왜 없을까

속으로 삭히고
눌러

비 오는 날
흠뻑 젖어 갈 바를 모르는 것을

허수아비

장녹 뿌리를 모르고
삶아 먹은 듯
그 밤 온몸으로 토했다

내가 그대를 사랑한 것이
온몸이 경련을 일으키고
파리하게 아픈
그런 것이었다

얼음장처럼 차디찬 그를
넋 놓고 바라보다
끝내 잃어 버렸다

그 해 겨울
텅빈 들판에 허수아비 서 있다

민들레 홀씨의 꿈

꿈이 부풀면
날개 펴고 날아올라
길 떠날래요

길가에 찔레꽃 청순하게
피어나는 곳

그대 노래소리
아련히 들려오면
슬픈 날에도
가슴 따듯하겠어요

한 세월 그렇게
흘러가도 좋으리

그대와 어깨동무하며
가슴 뛰게 살아 봤으면

3부
때죽꽃 별이되어 떨어지다

소여울

소여울에
봄이 오면

조약돌에 부딪쳐
흰구름 돌돌 흐르고

살그랑살그랑 봄 소리에
산날망은
여울에 풍덩 빠졌다

아직은 차가운
재채기
얼굴 붉히는 소여울

밀알 한 톨

긴 수염 껍질 깨고 나온
밀알 하나
어디든 가야 하는데

벌거숭이 된 몸
어디로 갈 수 있을까

지나는 새의 먹이가
될 수도 있음을

땅에 떨어지면
새싹으로 움트겠지만

자식처럼 여겨준 농부 생각에
기꺼이 밀가루가 되리라
빵으로 발효되어
구수한 맛 세상에 남겨지는 일

난 아침이면 벌거숭이가 된다
꽃잎 떨구면 곁에서 작은

꽃봉오리 솟아나듯

세상 향해 첫발 내디뎌
하루를 어떻게 살아갈까

오늘이 먼지처럼 내려앉아 쌓이고
내 걸어온 길 벌거숭이인 채
다 보여줘도 좋을 사람 찾는다

모태가 그리워 엄마 찾듯
그리운 이가 모태 되어 줄 사람을

하루

이른 봄 아침 햇살이
백일이 채 안 된 아가의 미소를 띠면
거리마다 아가처럼 벙긋거리며
바쁜 걸음이 아침을 삼킨다

여름빛 같은 대낮이 걸어오면
아버지의 어깨 골을 타고 흐르는 땀 냄새가 난다
지쳐도 일을 멈추지 못하는 건
아빠가 되어 가기 때문이다

가을이 여인의 무릎에서 주춤거리면
곡식은 추수를 앞두고
향기를 채우느라 햇빛을 잡아당기고
엄마는 더 주고 싶어
집으로 일터로 산노루처럼 뛰어다니다
가을이 다 간다

노루 새끼는 아직 엄마가 되지 못했는데

고드름이 처마 밑에서 햇볕을 쬐다 녹고

몸뚱이가 얼어붙을 것 같은 나뭇가지에 몸을
비비고 앉은 참새처럼
 겹겹의 옷도 따스함을 잃어버려
 밤을 맞는다
 겨울 같은 하루가 간다

사월 이파리

사월의 숲은
연한 이파리로 채워지고
바람의 길 열어주며
풀 내음 따라간다

꽃잎을 떨구기엔
아쉬운 저녁나절

나뭇가지는 아는가 보다
초록 새싹을 키워내는 일이 얼마나
폴짝 뛰고 싶게 만드는지를

여린 새순 같은 아이가
내 품에 파고들어
같이 호흡하자 눈을 맞추고
노래하자 입을 맞춘다

다시 돌아온 봄이 유년의 너와
길게 호흡하면
너는 내 안에서 아이다

언제나 새싹이다

처음 펼쳐본 동화책
비밀의 화원 같은
아이야

누런 목련화

해마다 순백으로
피어날 순 없다

꽃샘 냉바람이
꽃송이를 얼려 버렸다

누런 꽃잎은
나의 자화상

폴짝 뛰어도 가뿐하고
신비로 가득했던
청순한 어린아이

그 빛은 잃었지만

너의 자태는
여전하다

그 자리에서
누런 상처를 매달고

순백을 잃지 않고
속잎 돋아나

보는 이의 마음을 뒤흔드는
너는
겨울을 등에 업고 있다

홀로 선 나무에게

아무도 보아주는 이 없는
추수 끝난 옥수숫대처럼
서걱서걱 말라 가지 마셔요

안개 가로막혀
당신이 보이지 않았어요

누군가 찾아오는 이 없어도
구멍 난 양말 속에서 삐져나온 상처 난 발가락처럼
서글퍼 마셔요

오는 길 강물이 막혀서
노 저을 작은 배도 없어서
그래서 못 갔어요

눈이 시원해지는 하늘
올려다보아요
시선 끝자락 볼 수 없는
저 높은 곳에서
그대를 보고 있어요

허한 배 움켜쥐고
밤새 광목 베개에 얼룩
남기고 있지는 않은지

햇볕이 당신 볼
쓰다듬고 저 언덕 넘어
수줍게 돌아서면

그대를 한참
아주 한참
보고 가지요

장작더미

참나무 몸통 끌고 와
톱질을 한다
속살이 뭉글뭉글 흘러내린다
쓰러져 흐늘해진 오랜 나이테
맷돌에 간 콩물처럼
흘러내리고 있다

한때는 잎사귀 위에 구름 올려놓고
덩실덩실 춤추었을 테지
너를 닮은 열매 맺어 갈바람에
떨궈 틈새마다 꿈을 키우고
싶었으리라

무슨 이유인지 너는 누워있다
도끼가 바람을 가르며 파열된
심장을 쪼개고 부셔
난로 속에서 황홀한 불꽃으로
태워지는가

나도 너처럼 부서져야 했나 봐
질기고 굵은 힘줄 탓에
고개를 흔들며 떠나는
사람들 까닭에
북어 대가리 내리치듯
모진 바람의 매질이 필요했나 보다

너를 매달고 있는 어깨의 짐
울음보가 보이기까지
숨쉬기 힘든 진통이 있었나 보다
장작이 활활 타고 있다

냉이꽃 피면

숨 돌리는 밭고랑
언 땅에 생명의 소리
들려주고 싶어

겨우내 엎드려
퍼런 속잎 내놓고
차가운 입맞춤

풋풋한 꽃대궁
살얼음 깨고 올라와

꽃봉오리
함빡 터트리면

봄이 톡 터진다

초겨울에 나팔꽃 피다

아침 빛으로 물들기 전
배시시 웃으며 피어나

가녀린 몸뚱이
세상 향해 걷고 있다

이대로 사그라질 수 없는
뜨거운 울음이 몸을 뚫고 나왔다

키 작은 나를
혼탁한 세상 속에 던져 놓고

힘겨운 발자욱
안간힘 쓰며 걷고
또 걷는 것은

우주의 충만함을
내 안에 가득 채워

지친 세상에 희망의 작은
나팔 불어 보리라

들쥐의 겨울

들쥐 한 마리가
낙엽 속을 누비고 다닌다

두텁게 쌓인 가랑잎은
엄마 품처럼
포근하지

친구 집
지렁이 찾아낼 때도
미로를 만들면 된다

까치의 예리한 눈도
낙엽 미로는 알지 못하리

찬 바람이 강하게 불면
가슴 쿵쾅

눈이 덮어 주면
별이 가슴에 내려온다

살아있다는 것은
한 포기 풀이
풍경이 되는 것이지

풀잎이 말을 건다

풀잎이 사그라지기 전
기분 좋은 냄새로 말을 건다

서리에 몸뚱이
이즈러지며
나에게 말을 한다

봄 햇살 같은 눈으로 나를
바라 봐 줘서 고마워

태풍이 강하게 불어
온몸이 바스라질 듯 떨릴 때도
한참을 서성대다 떠났다지

그래도 말이지
어느새 씨앗을 맺었지 뭐야

항상 좋을 수만도
나쁠 수만도 없는 세월이었어

돌아보면
발자국이 진지했다고
말하고 싶어

혹독한 추위에도
씨앗에 나를 담아
봄 햇살을 기다려 보려 해

풀이 누우면서 말을 한다

이곳에 뿌리내리고
오래오래
너와 소근대고 싶어

날개 잃은 나비

날개 부서진 호랑나비
꽃밭에 앉아 꿀을 모으다

허공에 날갯짓하며
날아올라

온 힘을 실어
자유롭게 난다

부서진 날개 위에
상처 딱지 겹겹이 싸놓고

아픔을 알기에
허락된 하루의 햇살이 눈부시게
가슴에 박힌다

살아가는 것은
흥겨운 노래다
가슴 벅찬

도토리 여행

후두득 떨어진
도토리 따라 여행을 떠난다

멧돼지의 주둥이가
도토리를 비탈길로
내 인생처럼 굴려 버렸다

어지럽게 돌아
나무 밑동에 쿵
떨어지고

신이 난 다람쥐
볼주머니에 넣어
작은 굴속
오랜 침묵 속으로

어둔 겨울지나
도토리와 나는
꿈이 꿈틀거렸다

칠월의 보름달

조그만 창문 속으로
달님이 내려왔다

우주 여행길에
창문에 앉아

잠든 나를 깨워
무슨 얘기 들려주고
싶은 걸까

좋은 소식 듣고 싶은데
너의 시름 얼굴에
새겨져 있네

어둠을 밝히려 길을 떠나는

동그란 볼에
구름이 서성대는
꿈속 이야기

산딸기

산딸기 익어 가는 소리에
고마리풀 스치며
산길을 걸어갔습니다

어렸을 때 학교 갔다
돌아오는 길에
꽃처럼 피어

빈 도시락에 가득 따 담던
작은 아이들
재잘거리는 소리

빨간 산딸기
어린 소녀들의 그을린 얼굴처럼
바람에 흔들리며
소곤거립니다

참새

참새가 통통 뛰며
걷고 있다

언제부터
우리와 살아왔는지

네가 주인인지
내가 나그네인지
우리는 알지 못한다

눈길 주지 않고
무심히 걷는 사람들
틈바구니에서

입가에 밥풀
떼어주는 당신처럼

감나무에 앉아 놀다
내 옆에서 통통 춤춘다

나무가 운다

바람 앞에서
떨고 있는 나무야

몸뚱이 살갗을 뚫고
작은 벌레 들어와

살점 사이 집을 짓고
수액을 도적질하므로

가지는 부러지고
몸뚱이는 텅 비어
달빛
햇살에도 쓰라린데

네 상처에
내 상처가 포개진다

맘속 세상

내 속에
설움이 살고 있나 보다
진눈깨비 내리면
울컥울컥
설움이 떨어진다

내 안에
탱자나무 자라나 보다
노란 탱자 따려다
가시 찔리고
어여쁜 이도 찔린다

내 맘에
사랑이 자라고 커져서
꽁꽁 언 손발
녹여주며 살고 싶다

살다 보면

살다 보면
그런 날 있습니다
좋은 마음 주고 도리어
지칭개 나물 먹은 듯 쓰디쓴 날

그런 날 종종 있습니다
세상에 혼자 남겨져
겨울나무 같은 날

이런 날도 가끔 있습니다
병든 살점 도려내고
가슴 쓸어내리던 날 말이에요

좋은 날도 생겼습니다
길을 걷다 만난 아침 햇살
마음에 들꽃 흐드러지게 피는 날

이제야 보였네

단풍나무 붉게 물들어
반갑게 손짓했네

오랜 날
같은 길을 걸었을 텐데

지날 때마다
바람에 잎새들
사각거리고

바닥에 수북이
쌓이도록
열매 날았는데

목마름에
단풍잎
힘없이 떨어질 때

이제야 보였네
그토록 붉게 빛나는 날
초록빛 울음소리

물봉선화

산골짝
오랜 기다림

완숙한 여인의 미소로
피어나는 물봉선화

 산야에 흩어져 살며
예쁜 입술로 쓴

꽃주머니 속에
간직한 편지

톡 터지면

푸른 하늘 가득
평온한 아침 향기

'날 건드리지 마세요'
그래도 날아드는 꽃나비

대청 호수

병풍처럼 드리워진 산자락 아래
대청호
하늘을 담고 있다

굽이진 언덕길 따라
찔레꽃 소담스레 피어
벌들의 향연 들리던 곳

아이들의 함성 가득찼던
운동장과 학교

은빛 모래 반짝이던
강가를 걷노라면
발가락 사이로 웃음짓던 모래알

물결 속에 고스란히 담겨져

그 세월을 다 안고
유유히 흘러가느냐

호수를 바라보며
아린 마음 삼켜본다

4부

마당에는 잠자리 떼 날고

감꽃

감꽃 피는 날
은은한 감꽃 향

떨어진 감꽃
목걸이
화관으로 엮어

예쁜 너에게
화관을 씌어 주었네

노오랗게 떨어진 감꽃
감나무 아래
천진한 아이들 목소리

코스모스

갈바람에 나풀대는
가녀린 꽃송이
살사리꽃

어린 시절
학교 길에 나란히 피어

꽃이 아이가 되고
아이가 꽃으로 물든
꽃놀이

해 저물도록
학교 길을 수 놓던
마음에 피는 꽃

까치밥

발간 감 대롱대롱
나뭇가지 끝에 남겨져
홍시로 익어간다

햇살이 비추면
눈부신 소망의 홍시

까치는 제 것인 양
맴돌고

하얀 서리꽃
홍시에 피어나면

까치밥
하늘 향해 그네를 탄다

싸락눈

토독토독 싸락눈
가랑잎 위로
굴러가네

하얀 작은 손님
오래 머물지 못하고
녹아버린 첫사랑

어스름 길
떠나지 못한 갈바람
윙윙대고

싸락눈
가랑잎 위에
긴 편지를 쓰네

싸락눈 2

하늘 창고
문이 열렸네

어릴 적 우리엄마
가마솥에 쌀밥 한 솥 지어
 배불리 먹이고 싶던 마음

하늘도 알았나
저녁 싸락눈
소복소복 내렸네

엄마 마음
소복소복
내 마음에 쌓이네

윤슬

부소담악*에
봄이 오면

햇살
윤슬 찾아와

유리 구두 신고
춤을 춘다

* 부소담악 : 호수 위에 떠 있는 병풍 바위

홍시

한 겨울
토광 속에는

홍시가
몰래몰래 익어갑니다

눈 오는 날
놀다가

자꾸자꾸
쳐다보면은

한 바가지
홍시 꺼내주시던

할아버지 얼굴엔
웃음이 만개했습니다

아기별

우리 엄마 무릎 베고 누워
영롱한 별을
올려다보며는요

엄마의 거친 손이
내 머리를 쓰다듬어 주며
웃어 주며는

나는 세상에서 가장 빛나는
아기별이 되어요

아기별 2

설날에
우리 엄마가
꼬까옷 입혀 주며는요

학교 갈 때
꾹꾹 눌러 도시락 싸주며
손 흔들어 주며는

나는 엄마 눈 속에
언제나 빛나는
아기별이 되어요

■ 평설

심은혜 시집 『풀잎이 말을 건다』 평설

김명순
시인·문학박사

I. 서론 :
자연을 관조하는 심미안, 말 없는 존재에게 말을 걸다

심은혜 시인의 첫 시집 『풀잎이 말을 건다』는 화려한 수식이나 난해한 상징을 지양하고, 우리 주변의 가장 작고 보잘것없는 존재들-애기똥풀, 미루나무, 싸락눈-에게 말을 걸고 그들의 목소리를 듣는 순연한 심미안으로 출발한다. 시인은 세상의 모든 사물과 현상을 '관계'라는 틀 안에서 관조하며, 그 속에서 헌신, 그리움, 깨달음 같은 삶의 보편적 진리를 길어 올린다. 이 시집은 곧 시인 자신의 내면을 비추는 거울이자, 독자에게 일상 속 숨겨진 아름다움과 서정의 깊이를 발견하게 하는 친절한 안내서이다.

II. 대표 시가 담고 있는 시인의 서정

1. 제1부 흙냄새 피어나는 오솔길에 서다

1부는 '가족애'와 '헌신'이라는 삶의 가장 근원적인 서정을 흙냄새 나는 오솔길 위에 펼쳐 놓는다. [애기똥풀]은 지천의 풀잎에서 자식에 대한 맹목적인 사랑과 젊은 날의 모성을 길어 올렸다.

> 황금빛 똥을 싸고는 울어대던
> 우리 아가
> 똥마저 어여뻐
> 눈을 뗄 수 없는 아가를 닮았다

이처럼 다소 거친 이미지를 빛나는 사랑으로 치환하며 고단했던 양육의 시간을 축복으로 회고한다. 반면 [엄마 손]은 어머니의 헌신에 대한 절절한 회한을 담으며 치매가 오고서야 비로소 깨닫는 어머니의 헌신에 바치는 뒤늦은 참회록이다.

> 그때는 몰랐습니다
> 울퉁불퉁 갈퀴손이 된 이유를

치매가 오고서야

그녀의 손도 예전에는

예뻤다는 것을 알았습니다.

젊은 날 부끄러워 숨기고 싶었던 어머니의 손이 치매가 오고서야 비로소 헌신의 역사가 새겨진 귀한 표징으로 승화된다. 이어 [등 뒤에서 부는 바람]은 세대를 잇는 가족의 짐과 사랑을 포착한다.

예전에 내 아버지 손에도 무언가

들려 있었지요

…………

마른 목소리로 날 부르시던

아버지 손에는 고등어 한 손이

주머니 속에는 사탕 한 봉지

숨어 있었지요

현재 '치킨 한 마리'를 든 남편의 뒷모습에서 '고등어 한 손'과 '사탕 한 봉지'를 숨겼던 아버지의 뒷모습을 중첩시킨다. 이는 세대를 잇는 가족의 짐과 묵묵한 사랑을 발견하는 통찰력 있는 서정이다. 1부의 시들은 시인 자신이 받은 사랑을 깨닫는 과정을 통해 독자에게 가장 익숙

하면서도 눈물겨운 감동을 선사한다.

2. 제2부 나무 그루터기에 앉아서

2부는 1부의 뜨거운 회귀에서 벗어나 '성찰적 거리 두기'의 자세를 취한다. [바람개비]는 타인과의 관계 속에서 흔들리는 자아의 모습을 인정하고 스스로를 다독인다.

> 당신 마음에 들지 않아서
> 방향 잃고
> 흔들린다 했습니다
>
> 바람개비가 흔들릴 때
>
> 그럴 수 있겠다
> 바람도 마음대로 안 될 때
> 있을 테니
> 그러면 괜찮아져요

이는 타인의 시선이 아닌 스스로의 내면을 이해하려는 화자의 노력을 보여준다. 이러한 관조의 자세는 [미루나무]에서 더욱 분명해진다.

가까이서 보는 것보다

멀리서 보는 게 더 잘

보일 때가 있다

....

고요하게 다가오는 풍경을 너의 내면을 멀리서 바라본다. 시인은 대상과의 적절한 거리를 통해 비로소 그 본질과 내면을 바라보며 성숙한 깨달음을 얻는다. [해바라기] 역시 격정적 사랑을 넘어선 헌신적인 사랑의 가치를 말합니다. 화자는 그루터기처럼 고요히 앉아 삶의 깊은 의미를 관조한다.

산처럼 우뚝 서서

나만 바라보는 그대

가슴 터질 듯 좋은걸요

3. 제3부 때죽꽃 별이 되어 떨어지다

3부는 상실과 고통의 이미지를 다루면서도 그 속에서 부활의 싹을 찾아내는 강인한 시정신을 보여준다. [누런 목련화]는 꽃샘 냉바람에 순백을 잃고 '누런 꽃잎'이 되었지만, 그 상처를 긍정한다. 목련은 고통을 경험한 자만이 가질 수 있는 내면의 성숙과 희망을 상징한다.

누런 꽃잎은

나의 자화상

………

그 빛은 잃었지만

너의 자태는

여전하다

그 자리에서

누런 상처를 매달고

순백을 잃지 않고

속잎 돋아나

[풀잎이 말을 건다]는 시집의 주제를 직접적으로 드러내며 삶의 긍정을 기반으로 존재가 사그라지기 직전에도 다음 세대를 향한 희망을 잃지 않는 강한 생명력을 보여준다.

돌아보면

발자국이 진지했다고

말하고 싶어

혹독한 추위에도

　　씨앗에 나를 담아

　　봄 햇살을 기다려 보려 해

이는 파괴가 아닌 재생의 강한 생명력을 보여준다. [소여울]의 '살그랑살그랑 봄 소리'와 '아직은 차가운 재채기'는 차가움을 딛고 솟아나는 생동감을 예고하며 시인의 세계관이 재생에 있음을 확인시킨다.

4. 제4부 마당에는 잠자리 떼 날고

4부는 모든 성찰의 시간을 지나 일상의 마당으로 돌아와 평화와 순환의 미학을 발견한다. [코스모스]는 어린 시절의 순수와 시간을 초월한 아름다움을 환기하며, 소박한 자연 속에서 행복의 근원을 찾는다.

　　갈바람에 나풀대는

　　가녀린 꽃송이

　　살살이꽃

　　어린 시절

　　학교 길에 나란히 피어

꽃이 아이가 되고

아이가 꽃으로 물든

꽃놀이

시간을 초월한 아름다움을 환기하며 행복의 근원을 찾는다. [싸락눈 1]은 짧고 아련한 상실의 순간을 포착하지만, 이내 다음과 같이 그 순간을 영원한 기록으로 치환한다.

싸락눈

가랑잎 위에

긴 편지를 쓰네

덧없는 순간이 남기는 영원한 기록의 의미를 부여한다. 마지막 시 중 하나인 [윤슬]은 일상의 평화로운 환희를 묘사하며 시집을 마무리한다.

햇살

윤슬 찾아와

유리 구두 신고

춤을 춘다

이 구절에 대한 심층적인 해석으로, 심은혜의 [부소담악] 시는 고향을 감싸고 있는 대청호수 '부소담악' 수면 위에 햇살로 내려와 보는 사람 없어도 유리 구두 신고 춤을 춘다는 말로 스스로를 위로하고 있다. 외부의 평가나 시선에 구애받지 않고 스스로의 내면에서 발견하는 기쁨과 위안을 통해 삶의 진정한 아름다움을 선언하고 있다. 이러한 자족하는 시인의 태도를 통해, 평범한 자연의 순환 속에 궁극적인 평화가 있음을 보여준다.

Ⅲ. 시정신과 성찰하는 삶의 자세에 대한 기대

 심은혜 시인의 첫 시집 『풀잎이 말을 건다』는 '서정의 윤리학'을 실현한다. 시인은 가족의 헌신, 자아의 흔들림, 상실의 고통, 그리고 일상의 평화라는 보편적인 서정을 정직하고 투명한 언어로 직조해 낸다.
 그의 시정신은 가장 낮은 곳을 향하는 관조의 시선에서 비롯된다. 풀잎, 엄마 손, 그루터기 등 말 없는 존재들에게 끊임없이 말을 걸고, 그들의 침묵 속에서 삶의 진리를 깨닫는 시인의 자세는 곧 세상에 대한 깊은 애정과 책임감을 증명한다.
 이 시집은 시인의 삶에 대한 성찰하는 자세가 응축된

결과물이다. 상처를 외면하지 않고 '누런 상처를 매달고' 피어나는 목련처럼, 고통마저도 성숙의 에너지로 승화시키는 문학성을 보여준다.

앞으로 심은혜 시인이 보여줄 창작 활동은 이러한 '따뜻한 관조와 강인한 긍정'의 시선이 더욱 깊어질 것으로 기대된다. 일상의 평범함을 비범한 서정으로 치환하는 그의 고유한 문학성은 앞으로의 한국 서정시단에 따뜻한 울림을 더할 것이다.

오름시인선 · 78

풀잎이 말은 건다

지은이 _ 심은혜
펴낸날 _ 2025년 12월 1일
펴낸곳 _ 기획출판 오름 / 발행인 _ 김태웅
        등록번호 _ 동구 제364-1999-000006호
        등록일자 _ 1999년 2월 25일
        주소 _ 대전광역시 동구 대전로 815번길 125 2층 (삼성동)
        전화 _ 042.637.1486
        E-mail _ orumplus@hanmail.net

ISBN _ 979-11-94471-14-1

값 12,000원

· 잘못된 책은 바꾸어드립니다.
· 지은이와의 협의에 의해 인지는 생략합니다.
· 본 책 내용의 전부 또는 일부를 재사용하려면 반드시 저자의
  동의를 얻어야 합니다.